I0787088